Rha HO Yul

시인 나호열

촉도蜀道

나호열 시집

촉도蜀道

Poetics 시학

■ 자서

아직도 자폐自閉와 유폐幽閉 사이에 걸린 세월을 꿈꾸듯 걷고 있다.

외롭지 않으려고 뒤로 걸었다는 사람의 그 발자국을 시로 읽으며

종심從心을 향해 가고 있다.

2015년 5월 무이재無籬齋에서

나호열

차 례

제1부

제2부

제3부

제4부

제1부

거울을 깨다
— 재인才人폭포

멀리 서 있는 나를 보았다
젊음의 눈은 망원렌즈를 필요로 하는지
묵이 쉰 격문은 희디흰
뼈를 뱉어 내며 나풀거렸다
슬픈 전설을 남길 것 같은
저 멀리 서 있는 나를 두고
돌아서 온 지 몇십 년이 지났다
이제는 남의 아내를 탐하는 못된 원님과
줄 타다 죽은 재인과
원님 코를 물어뜯은 그의 아내를
마지못해 용서하는 척하는
수척한 사내가 되어
멀리서 바라보던 나를 만났다
목이 쉬도록 외쳤던 격문은,
창백하도록 희었던 뼈는 사라지고
풍우에 찢긴 손수건 한 장이
남루한 얼굴을 닦아 주었다

구석기舊石器의 사내

하루 동안 이만 년을 다녀왔다

선사先史로 넘어가는 차령車嶺에서 잠시 주춤거렸지만
돌로 도끼를 만드는 둔탁한 깨짐의 소리가
오수를 깨우는 강변에서
말이 통하지 않는 한 사내를 만났다
어디로 흘러가는지 모르는 강을 따라
목책으로 둘러싸인 움집 속
몇 겹의 옷을 걸쳐 입은 그의 손엔
날카로운 청동 칼이 번득이고
여전히 말이 통하지 않은 채
삼천 년이 지나갔다
내가 노을 앞에서 도시의 불빛을 되뇔 때
그 사내는 고인돌 속으로 들어가
뼈 하나 남기지 않고 사라져 갔다
천오백 년 전 망한 나라의 나들목을 지나
하루의 풍진을 씻어 내는 거울 앞에

수척해진 채 돌도끼를 만들 줄 모르는
구석기의 사내가
우두커니 서 있었다

태장리 느티나무의 겨울

부석사 가는 길에 서 있다

저, 외톨이 나무
이름 부르면 금방이라도 뛰쳐나갈 듯하였으나
가닿지 못할 곳을 꿈꾸는 자에게만 흐름을 허락하는
길의 어깨 너머로
온몸을 휘덮는 초겨울 어둠을 손사래 치니
비로소 주어만 남은 생이 남았다

어두워서 춥고
추워서 더욱 어두운 마을 밖에서
칼바람을 남루로 얻어 쓰고
저, 외톨이 나무의 꿈은
꺾어져 돌아가는 길 끝까지 걸어가 보는 것

그러나 엄마가 짜준 털옷을 입고도 오돌거리는
버림받은 새끼 고양이 수만 마리를 가슴에 품었는지

몸만 가끔씩 틀어 움직일 뿐

천수관음千手觀音!

어느 유목민의 시계

하늘이 어둠의 이불을 걷어 내면 아침이고
멍에가 없는 소와 야크가 마른기침을 토해 내면
겨울의 발자국 소리가 들려
식솔만큼의 밥그릇과 천막 한 채를 거둬들이면
그때가 저녁이다

인생을 모르는 사람들은 유목민이라 부르지만
그들은 멀리 떠나 본 적이 없다
소와 야크의 양식인 풀이 있는 곳
그곳이 그들의 집이고 무덤일 뿐

그들에게 그리움이란 단어는 없다
언제 다시 만날까 그들에게 묻지 마라
앞서 떠난 가족들 설산 위에 별로 빛날 때까지
바람의 숨소리를 듣고
해의 기울기에 온몸을 맡기는
그들에게 시계는
물음표를 닮은 커다란 귀와
하늘에 가닿은 눈이다

지나가네

서녘 하늘에 걸린 노을을 읽는다

붉어졌으나 뜨거워지지 않는 마음 한 자락을
닿을 수 없는 손길로 걸어 놓아도
그 깃발을 신기루로 이미 알아 버린 탓일까
아직 노을이 꺼지기에는 몇 번의 들숨이 남아 있어
긴 밤을 건너갈 불씨로
빙하기로 접어든 혈맥을 덥힐 뜨거운 피로
은은하게 가슴 속 오솔길에 퍼져 오르는 와인 한 잔으로
오독하는 동안
늙어 더 이상 늙지 않는 심장은
빠른 보폭으로 세월을 앞서 가지만

그래도 아직 가야 할 서녘을 바라보는 눈 속에는
겨울에 피는 꽃
향낭 가득 씨로 남아 있는
배우지 못한 말이 남아 있다

밤바다

— 신두리에서

이놈아, 받아 적거라!
어딘들 바다가 아니고
누군들 바다가 아니겠느냐
길을 버린 생의 행간으로 달려드는
일만 마리의 말발굽 소리
다시 읽으려 하니
일만 송이
꽃 지는 소리

저 부풀어 오른 보자기
나비매듭을 깨물어 보는 밤

모래, 해당화, 바람, 발자국……
한 몸을 이룬 그것들의 인연이
오므렸다 펴는 손바닥 실금으로 깊어질 때

이 한 줄의 책은 더욱 두꺼워져
한 생生으로 읽을 수 없다

아름다운 집 · 1

내일이 하안거 해제일인데
그들은 아직도 묵언수행 중이다
햇볕은 다람쥐 등 무늬에 얹혀 팔랑거리고
쪽물 든 바람이 몸을 비틀자
산길의 꼬리가 살랑거리는데
문 열릴 기색은 보이지 않는다
머리 위로 뭉게구름 피어오르는 것을 보니
태워 버려야 할 말들이 아직도 남아 있는 모양
다시 겨울이 돌아오면 해진 옷은 더욱 얇아질 터
더러는 그 자리에 주저앉아 부도가 되고
더러는 그 자리에 서서 탑이 되었는데
내 눈엔 그저 울울한 나무로만 보인다

아름다운 집은 크지 않다
넓지도 않다
착하고 순한 영혼이 깃들어야
아름다운 집

눈물

칠월
— 고운사 풍경 소리

청포도 같은 싱그러움으로 익어 가야 할, 물들어 가야 할

입 안에 붉은 앵두 몇 알 터질 듯
오물거리는 그 말

사분음표로 우산 위로 떨어지는
빗소리 같은
그 말

마악 알에서 깨어난 휘파람새가
처음 배운 그 말

하늘을 푸른 출렁거림으로 물들이는 그 말

강화도, 1월

온통 바람 밭이다
말의 씨앗
한자리를 맴돌고 있는 발자국들이
이랑 위로 돋아 오르려고
사위를 둘러싼 칼과 채찍 즐겁게 맞아들이는 동안
점점 더 커져 가는 내 귀는
오래 전 잃어버렸던 그 말을 번역하려고
허공에 하염없이 그물을 던졌다

정류장에서 버스를 기다리는 동안
잠깐 일만 년이 지나갔다
울컥,
한마디 문장이 빗장을 여는 듯
기러기 떼 노을을 추운 마을 쪽으로 끌고 가고 있다

금서禁書를 쓰다

그날 밤 나를 덮친 것은 파도였다
용궁 민박 빗장이 열리고
언덕만큼 부풀어 오른 수평선이
내 몸으로 쏟아져 들어왔다
빨랫줄에 걸린 집게처럼
수평선에 걸려 있던 알전구가
몸의 뒷길을 비추었다
상처가 소금꽃처럼 피어 있는 뒷길은 필요 없어
거칠지만 단호하게 일회용 밴드는 말을 막았다
두껍기는 하나 알맹이가 없는 책은
온통 상처를 감쌌던 일회용 밴드의 흔적으로 가득하다

아무도 읽기를 바라지 않는 나는 금서다
상처를 어루만져 줄 네가 필요하다는 말은
달콤한 만큼 거짓말이다
거짓말이 가득한 책
온 힘을 다해 부둥켜안았던 파도는
날이 밝자 저만큼 물러가 있지 않은가

몸을 떠난 상처는 또 무엇을 그리워해야 하는지

해는 뜨기도 전에 졌다

어슬렁, 거기
— 거진에서

빨간 심장을 닮은 우체통엔 방파제를 넘어온 파도가 팔딱거리고

그 옆 딸깍 목젖을 젖히며 그리운 이름을 부르는 공중전화는 수평선에 가닿는다

신호등은 있으나 마나

건너가고 싶으면 건너고 멈추고 싶으면 그만인

언제나 토요일 오후 그 시간에 느리게 서 있는

십 분만 걸어 나가도 한 세상의 끝이 보이는 곳

어슬렁, 거기

집에서 무덤까지 그 사이

장항선

장항선은 나를 달린다
이 가슴에서 출발하여 이 가슴에서 멈춘다
덜컹거리는 스물두 살은 아직도 스물두 살
멀리 튕겨져 나간 줄 알았으나
아직도 질긴 고무줄처럼 탱글거리는 탯줄은
되돌아와 뺨을 세차게 때린다
세월보다 조금 느리게 달려갔으나
앞은 먹먹한 강이 있었고
추격자처럼 다가온 어둠은 퇴로를 막았다
잔뜩 웅크린 채 어미는 이미 늙어
타향보다 더 낯선 고향은
막차를 타고 가는 마지막 역
내려야 할 곳을 알고 서둘러 행장을 챙기는 사람들
사이에서
기적이 울린다
어디에 내려도 고향은 멀고
멀어서 사투리가 긴 장항선 아직도 구불거린다
저녁답 연기처럼 가물거린다

도선사道詵寺에서 보리수까지

법당 안에 금빛 가사를 걸친 부처가 말한다
극락은 없다

처음에는 발바닥 아프고
다리 풀리고, 당기고
숨이 턱까지 차오르고 난 후
비로소 머릿속에 가득 차는 어지러운 굴복
백팔 번 너는 내 앞에 무릎 꿇은 것이냐
너는 너에게 무릎 꿇은 것이냐

도선사는 도선사 안에 없고
부처는 부처 안에 없고
부처 안에는 너의 어지러움이 없으니
길고 긴 언덕길 가슴 문대며 오른들 무슨 소용이 있겠느냐
그냥 쉬었다 가거라

섬돌에 주저앉아 청청한 보리수 바라보느니

서 있는 듯하다가
가부좌 튼 듯하다가
아예 허공에 등짝 들이대고 누워 있는 듯하다

아무도 보리수에 경배하지 않는다
향 올리지도 않는다
가끔 몸 뒤척이다가
사천왕 문 밖으로 서둘러 나선다
극락은 저 아래 낮은 곳에 있다
저 아수라 속에
저 화염 속에
푸른 잎 하나가
문득 떨어진다

소신공양하려는지 보리수
노을을 온몸에 끼얹는다
순간 내가 나타났다
사라진다

백 일간의 눈꽃

가부좌를 틀고 동안거에 들었다
이제 그는 예고 없이 와서
이유 없이 떠나간 사람에 대해서 생각해 볼 작정이다

느닷없이 다가온 겨울과 함께
몇 편의 단편소설을 소리 내어 읽어 주었고
촛불이 사그라질 때까지
얼굴을 마주 보는 밤도 있었다
웃음은 작은 물의 입자들이 만들어 낸 상고대처럼
순간 빛나다가
아침이 되면 문장을 흩트려 안개로 사라져 갔다

인적이 끊긴 그의 등은 한 뼘 더 솟아올랐고
촛대처럼 빽빽하게 들어선 나무들이
돌아앉은 그의 상념 속에 불타오르기를 기다리고
있었다

번식의 욕망이 향기를 이루고 자태를 어루만지는가

잎 지고 꽃이 시들고 혹은 열매로 맺는 화염 속에 들어앉아
하늘에서 지상으로 내려오는 발자국소리를 듣는 밤

향기도 없고 빛도 없이
다만 이 세상에 태어난 첫 말이 되어
눈은 무량무량 내렸다
꽃이 되었다

그의 등 뒤로 숨죽인 작은 발자국 오던 길 되돌아가고
저기,
저어기 겨울 산이 서 있다

고한에서

길은 옛길이 좋아
강 따라 굽이치며 가다가
그리움이 북받치면 여울목으로 텀벙 뛰어들고
먼 이름 부르고 싶으면
산허리를 칭칭 동여매어 돌다가 목이 메고 말지
그렇게 낮게 낮게
풀꽃마냥 주저앉은 사람들
고난으로 땀 흘리는 마을이라고
지상에서 가장 슬픈 이름을
누가 부르기 시작했는지 몰라

옛길 사라지고
산은 가슴이 뚫리고
강은 거대한 다리에 가위눌리고
막장에서는 더 이상 백악기의 더운 피가
솟구치지 않는다
빠르게 지나가는 일장춘몽의 투전 앞에
노고의 땀방울은 진주처럼 빛나는데

길도 가다가 잠시 멈추는 노쇠한 역 앞에
낙원회관 있다
허리끈 마음껏 풀고 죄짓지 않고 자랑스럽게 번 돈으로
소 등심 몇 점 붉은 마음을
불판 위에 올려놓는
나그네 몇 있다

맹지盲地

내게 눈먼 땅 있다
길이 없어 주인이 허락하지 않으면 들어갈 수 없는
섬 같은 땅
그래서 가끔 나는 날아서 그 땅에 가 본다

유랑민 같은 풀들이 제멋대로 뿌리를 내리고
참새들이 먹이를 찾다가 퉤퉤 침 뱉고 간 자리
멧돼지가 똥 누고 간 땅

손바닥 안에 세월의 낙서
그 땅에 무얼 할 수 있을지
몇 년째 궁리 중인데
태백준령을 넘어온 하늘이 그 생각 부끄러워 말라고
편지 대신 옥빛 치마 고름 남겨 둔 것도 나는 보았다

내 땅이 맞기는 맞는지
쌀 두 되 값 일 년에 한 번 공손히 바치는
맹지

봉선사 종소리에 답함

봄밤 아득하게 피어나 홀로 얼굴 붉히는 꽃처럼
여름 한낮 울컥 울음 쏟아내고 가는 소나기처럼
가을이 와서 가을이 깊어서
제 몸을 스스로 벗는 나뭇잎처럼
잊지 않으려고 되뇌다 하얗게 삭아 버린 이름
한겨울의 눈처럼

쿵과 두우웅 사이

나는 빈 찻잔에
소리의 그림자를 담는다
눈으로
적막의 눈으로 소리를 마신다

강가에서의 하룻밤

간밤에 대못질 해 두었던
그 마음이 사라졌다
차가운 벽
그 속으로 걸어 들어가
스며들었던 것
그러나 떠난 이의 뒷모습처럼
바래어 가는 벽지 꽃은
아직 꽃대에 웃음을 달고 있었는지
부화하듯
물안개로 피어, 피어나
하늘로 올려 보내는
한 사람의 뒷모습을 기억하게 한다

너무 빨리 가면 스치며 뒤에 남고
너무 느리게 가면 기다림의 빈자리 서늘한 것

살아지는,
사라지는,

아, 그리하여 스며드는 마음을

강에게 묻다

적소謫所의 그늘
— 괴산 산막이길

들머리 왁자지껄 여럿이 가다 보니
어느새 참나무 두 그루
수심 깊은 강물을 내려다보고 있다

봄이었는데
한 뼘씩 비껴 떨어지는 햇살마냥
행운은 내 것이 아니었나 보다
바위틈에 뿌리를 내린 돌단풍 희게 웃고 있으나
목 빠진 소식 오지 않고
기다림의 십 년이 오고
십 년의 그리움이 갔다고 한다

하늘 아래 어디 숨을 곳 있을까
귀향을 기다리다 옛집 허물어져 가고
마주쳐 오는 저 바람 왠지 낯익다

잠깐 동안 꽃은 피어

실성한 듯 웃음 매단

살구나무 옆을 죄지은 듯 지나가는

귀양살이 끝낸 한 늙은이

바람 책 한 권 같다

날머리 참나무 두 그루 상피 붙어

세월은 또 얼추 흘러간 듯하다

제2부

나의 멘티에게

너에게 가르쳐 줄 것은 없다만
이제 신 대신 CCTV를 믿는 것처럼
나도 추문을 믿는다고 말해 줄 수는 있다
어느 날 밤의 은밀한 바람이
결국 욕정의 결말을 삐라처럼 뿌려 놓은 뒤
별 볼일 없는 늙은이로 전락해 가는 걸 똑똑히 보아
두어라
겉과 속이 어찌 같을 수 있겠느냐만
가시밭길로 숨어들어 가는 나의 모습을 보면서
동백꽃 두욱둑 모가지 떨어지듯 서늘해지는 뒷목을
치며
뭔가를 배웠다면 나는 고마워하리라
이래서는 안 되는데
저래서는 안 되는데
이것이 너희에게 주는 마지막 교훈이니라

경계

안경을 잃어버렸다 세상이 뿌옇게 흐려지고 안과 밖의 경계가 신기루처럼 멀리 휘날렸다 헛디딘 말들이 곳곳에 붉은 신호등을 걸었다

앞을 못 보는 농부가 밤에도 논으로 나갔다는 이야기가 있다 몸이 졸리면 밤이지 캄캄하기는 마찬가지인데 그래도 궁금한 것은 견딜 수가 없다고 했다

걷고 달리고 밀어올리고 당기고 구부리고 펴고 운동기구 앞에서 하는 일들이 몸에서 연둣빛 새잎이 돋아오르는 듯하다고 하자 바로 그것이 한밤중 논에서 벼들이 하는 일이라고 가볍게 받아쳤다

안경은 그까짓 흐리고 어두운 세상을 더욱 확실하게 흐리고 어둡게 각인하는 일 그 눈먼 농부처럼 눈을 버리고 귀를 얻어 볼까 손전등 없이도 밭두렁 논두렁이 두런거리는 소리 살아 있는 것들의 숨소리 그 거친 숨소리 가득한 들판으로 달려가 볼까

헛도는 러닝머신 위에서 신 나게 길을 잃고 지금은 안경 벗은 꿈을 꾸는 중

촉도蜀道

경비원 한 씨가 사직서를 내고 떠났다
십 년 동안 변함없는 맛을 보여 주던 낙짓집 사장이
장사를 접고 떠났다
이십 년 넘게 건강을 살펴 주던
창동피부비뇨기과 원장이 폐업하고 떠났다

내 눈길이 눈물에 가닿는 곳
내 손이 넝쿨손처럼 뻗다 만 그곳부터
시작되는 촉도

손때 묻은 지도책을 펼쳐 놓고
낯선 지명을 소리 내어 불러 보는 이 적막한 날에
정신 놓은 할머니가 한 걸음씩 밀고 가는 저 빈 유모차처럼
절벽을 미는 하루가
아득하고 어질한 하늘을 향해 내걸었던
밥줄이며 밧줄인 거미줄을 닮았다

꼬리를 자른다는 것이 퇴로를 끊어 버린 촉도

거미에게 묻는다

변검變瞼의 하루

구둣발에 밟히지 않으려고 지렁지렁 땅속으로 기어
다니다
무엇에 홀린 듯 무슨 새싹이라도 되는 듯 지상으로
올라와
용트림하다가
번뜩 눈을 뜨니 원래 나는 눈이 없었다
수컷 공작처럼 온갖 문양의 날개를 펼쳐 보이겠다고
스스로 다리 난간을 넘어갔으나
앗차! 몸이 무거워 날 수가 없었다

누군가 내 손을 잡아 당겨 주기를 바라는 허튼 수작
으로
내가 진심을 다해 당신을 사랑한다고 말했을 때
당신은 이런 화두를 던졌던가
쌍이면 오라
길을 덮었던 수많은 세월의 낙엽
소리 없이 내렸던 폭설이 그 위를 다시 밟고 난 후의
더듬더듬 발걸음을 내딛을 때 나는 사그락 소리

그 두렵고 안타까웠던 그 소리 터지는 순간

와르르 눈물 대신 쏟아지던 모래의 얼굴

있으나 마나

월화수목금금금
휴일에도 생계를 이으려 험한 세상으로 나가는 아내에게
아무 말 못했다
미안하다 내가 못나서
이 말은 마음 저 천 리 밖에 있고
뭉툭한 돌멩이 하나 정수리에 닿는다
에구구 있으나 마나 한 인간아!

늦은 밤 고개 들어 도시의 손톱달을 본다
너도 있으나 마나
그러나 흐린 날이든 맑은 날이든 달은 떠오르고
끊임없이 이울고 벅차오른다
시궁창에도 빛살무늬를 남기고
풀벌레 울음에 넌지시 손을 내민다
내 그림자만 봐도 마음 든든하다고
늙어 가는 아내가 저만큼 달려오듯이

낡아 가고…… 익어 가고

사그락거리는 내 몸이 배운 단어들을
한마디로 축약하면 별이다
모래시계 속에서 낙하하는 별들을
또 한마디로 더 줄이면 바람이다
바람 속에 숨어 있는 둥지 안에는
아직 내가 배우지 못한 단어가
부화되기를 기다리고 있다
나는 낡아 가고
그 알은 익어 가고
단어장에 마지막으로 배운 그 말
푸른 잉크에 묻혀 나올 때
푸드득 무한을 향해 날아가는 새
먹물 같은 그림자를 남긴다

사랑이라는 말

떠도는 섬

섬들이 부딪치지 않으려고
파도로 외로움을 만드는 시간
눈에 불심지를 매단 차들이
조심조심 좌우로 앞뒤로
순례의 길을 간다

섬 속에 살고 있는 또 하나의 섬
무언의 깜빡이를 켜고 능숙하게 핸들을 돌리는
신을 닮은 우리는 스스로 고독한 채
말문을 닫는다

길 위에 떠도는 다도해

긴 팔을 뻗으면 닿을 듯해도
물속에 다리를 묻은 두루미처럼
몹시도 가려운 그리움의 바닥을 쳐다보며
커엉컹 개 짖는 소리 들린다

급히 신호등이 바뀔 때마다
어둠의 벼랑 아래로 아득히 추락하는
떠도는 섬

가끔씩

가끔씩 나는 옷섶에 손을 넣어 본다
심장이 뛰고 있는지
마치 우편함 속으로 손을 밀어 넣을 때
약간의 금속성 차가움 다음에 찾아오는 홍조처럼
팔딱거리는 먼 발자국 소리

봄이 언제 단번에 달려오던가
보여 줄 듯 말 듯 앵돌아 몇 번 뒷걸음 친 후에
그만큼 애꿎게 한 사내를 불 지르지 않던가

가끔씩 나는 심장 속에 손을 넣어 본다
새싹이 돋았는지
무슨 꽃이라도 몇 송이 묶어 볼 요량으로 더듬어 보다가
불량한 짓거리 들킬 때처럼
화들짝 꼬집어 보는 봄날의 꿈
이미 가고 없는지
다시 오기는 하는지

스물두 살

— 전태일

너도 걸었고 나도 걸었다
함께 스물두 살을 지나가면서
너는 맨발이었고 나는 평발이었을 뿐
티눈이 박이는 세월을 막지 못하였다
어쩌랴 너는 스물두 살에 멈추어 섰고
나는 쉰하고도 여덟 해를 더 걸었으나
내가 얻은 것은 평발이 된 맨발이다
나는 아직도 스물두 살을 맴돌고 있고
너는 아직도 더 먼 거리를 걷고 있을 터
느닷없이 타오르던 한 송이 불꽃
하늘로 걸어 올라가 겨울밤을 비추는 별이 된 너와
그 별을 추운 눈으로 바라보는 중늙은이
걸어 걸어 스물두 살을 지나가면서
너는 맨발이었고 나는 평발이었을 뿐
같은 길을 걸었으나 한 번도 뜨겁게 마주치지는 못
하였다

알몸의 반가사유

숨죽여 울기 위하여 옷을 벗는데
알몸이 되고 보니 더 서럽다
옷에 묻은 얼룩이 언제 소리 없이 속으로 배어 물들었나
무엇이 때인지도 모르면서 그냥 밀고만 있다
때가 언제인지도 모르면서 쭈그려 앉아 있다
발뒤꿈치는 갈라져 있고 발바닥에는 티눈이 박였다
어디서 부딪쳤는지 정강이에는 멍이 들어 있고
찍히고 베인 상처들이 알몸에 단풍 들었다
누가 알몸을 눈부시다고 했는가
이 알몸으로 눈멀게 하고 흉기처럼 세월에 덤벼들었다
알다가도 모를 일이다 세월이 알몸에게
슬며시 문신을 새겨 넣는다
알 듯 모를 듯 웃음 한 획을 그려 넣자
흉측한 동물이 사람으로 훤하게 개과천선 중이다

따귀를 맞다

아침에 일어나니 뺨이 얼얼하다
세차게 얻어맞았는지 푸른 멍이 보일 듯하다
대체로 더럽고 치사한 놈들은
어둠의 자식이어서 남의 피나 빨아 먹고서는 휑하니 달아난다
추적의 길도 보이지 않는 몽유의 하루
웬 사내가 자신의 뺨을 사정없이 후려치고 있다
허공에 헛손질하며 어둠에 가로세로 삿대질을 해 대는데
손바닥은 여지없이 왼쪽 오른쪽 뺨을 가르고 또 가른다
모기 탓이라고 둘러대면서
왠지 내가 더럽고 치사하다고
뒤도 돌아보지 않고 꿈이 시리진다

외설의 법칙

세월을 기다리며 사는 사람 있을까
안개 가득한 목욕탕에서
문득 다가서는 벽과 같은 등들

어린 아들에게 등을 내밀며
부끄러운 때를 벗겨 내는 사내를 보며
바로 저것이
얼굴도 아니고
가슴이 아니고
저 밋밋하기 이를 데 없이
제 손이 닿을 수 없는 등짝이
수줍은 아름다움이라고

그리하여 나는 세월을 기다리고 기다려서
햇볕 좋은 날
복사꽃 피는 어느 봄날
느닷없이 늙은 아내에게 등을 긁어 달라고
등의 때를 밀어 달라고

푸른 하늘 아래 거침없이
네 발로 덮칠 수 있기를
붉끈 용을 쓰며 땀을 빼고 있지 않은가

불타는 시詩

맹목으로 달려가던 청춘의 화살이
동천 눈물주머니를 꿰뚫었는지
눈발 쏟아지는 어느 날 저녁
시인들은 역으로 나가 시를 읊었다

오고 가는 사람들 사이에
장미가 피고 촛불이 너울거리는 밤
누가 묻지 않았는데 시인들의 약력은
길고 길었다

노숙자에게 전생을 묻는 것은 실례다
채권 다발 같은 시집 몇 권이
딱딱한 베개가 될지도 모르겠다
어둠한 역사 계단 밑에서 언 손을 녹이는
불쏘시개가 될지도 모르겠다

하늘이 내리시는 무언의 시가
발밑에 짓이겨지는 동안

가벼운 재로 승천하는 불타는 시가
매운 눈물이 된다

아, 불타는 시

당신이라는 국도

처서나 이순 그때쯤의 서늘한 설렘을 아는가
그윽한 파문이 채 닿기도 전에 머쓱하게 손을 거두어들이는
차오를 듯 말 듯 이울어지는 낮달을 닮은 얼굴을 기억하는가

담쟁이넝쿨처럼 뻗어 나가는 푸르른 길
구름으로 엮은 하늘을 오르는 밧줄 같은 길을 지나
이 세상에서 가장 멀리 있는 우체통으로 가는 마음은
밑이 빠진 편지함에 내려놓는 손에 들려 있으니

나는 한 줄의 긴 편지를 쓴다

순례자와 여행자의 동상이몽이
당신이라는 국도 어디쯤에서 피었다 진다

이 세상에서 가장 아름다운 꽃

이 세상에서 가장 아름다운 꽃이 무엇이냐고 물었다

— 이렇게 어리석은 질문이 어디 있을까? 가장이란 떠돌이 말과 뒷면에 끈끈이풀을 감춘 아름다움이라는 거짓말에 속는 청중들

한 사람은 향기가 고운 백합이라고 했고
또 한 사람은 붉음에 취해 장미라고 했고
끝자리 한 분은 사람이 가장 아름다운 꽃이라고 했다

— 백합과 장미와 사람 사이에서 그때그때 다르다는 낮은 목소리가 새어 나왔다

그리하여 어리석은 정답은 이러하였다

— 향기가 붉은 그때그때 다른 사람을 찾아보시길!

성자와 청소부

오늘도 나는 청소를 한다
하늘을 날아가던 새들의 어지러운 발자국
어두운 생각 무거워
구름이 내려놓은 그림자

지상에서는 쓰레기라 부르는
그 말씀들을
버리기 위해서가 아니라
화로 같은 가슴에 모으기 위해
기꺼이 빗자루를 든다

누군가 물었다
성자가 된 청소부는 누구이며
청소부로 살다 성자 된 이는 또 누구인가

나는 망설이지 않고 대답하리라
사라졌다가 어느새 다시 돋아 오르는 새싹을
그 숨결을

당신은 빗질하겠는가
아니면 두 손 받들어 공손히 받쳐 들겠는가

가슴이 운다

거역할 수 없는 슬픔이 있다
예정되어 있으나 슬그머니 뒤로 밀쳐 놓은
정답이 없다고 스스로 위안한
풀지 않은 숙제처럼
달려드는 파도가 있다

못질 소리
똑딱거리는 시계의 분침 소리
바위가 모래로 무너져 내리는 소리

이 나이에 사랑은 무슨
이 나이에 이별은 무슨
가슴이 울 때에는
이미 살아온 날들보다 더 많은
혀를 닮은 낙엽이
길을 지우고 난 후

거역할 수 없는 슬픔은

그것이 이미 예정되어 있는 슬픔인 까닭
짐짓 잊어버릴 수 있을까
세상을 엿보았던 커다란 오해를 받아들인 까닭

가슴이 운다
높은 처마 끝에 매달아 놓은 풍경이
바람 앞에 속절없이 속을 내놓듯이

어제 저녁

은은한 양탄자 노을은 발자국 소리를 순하게 만들어
산자락을 휘감아 돌아오던 종소리를 기억하고
방금 갓 구운 빵이 적당히 식어 가며 뿜어내는
밀밭의 가슴을 더듬게 한다

수런거리는 날숨의 고단함을
오랫동안 기다리다 떠난 사람의 체온이 여적 남은
나무 의자 그 곁에서 지나간 신문을 읽듯
잊어버리고 싶으나 결코 잊히지 아니하는 슬픔 따위를
너무 멀리는 말고 손 내밀면 닿을락 말락 한 그맘때쯤

좋겠네
귓가에 헤살거리는 들릴 듯 말 듯
노여움을 용서하기에 딱 알맞게
경계를 지우는 어둑한 숨결

모두 다 어제 저녁 일이다

어디로 가고 있나

안산행 지하철 지금 막 동굴 속으로 들어가고 있다
오후 2시에서 3시를 향하여
지팡이로 더듬거리며 한 사나이 마지막 칸을 향하여
걸음을 옮기고 있다
어두운 물방울들이 합쳐지지 않은 채 굉음을 내며
지난 신문을 읽거나 졸고 있다
마지막 칸까지 갔던 사나이가 빈 동전 바구니를 흔들면서
오후 2시와 3시 사이를
혜화역과 동대문 역 사이를
머리와 꼬리 사이를 지팡이로 내리치면서 지나간다
동굴은 철갑으로 둘러싸인 물방울들이
서로 부딪칠 때마다 내는 날카로운 비명 때문에 더욱 어두워진다
내려야 할 곳을 잊지 않으려면 눈이 좋거나 귀가 밝아야 하는데
굉음이며 비명인 물방울들은 눈이 멀었다
빨리 이 생을 지나치고 싶은 어떤 날
어디로 가고 있는지 궁금하여 미치고 싶은 어떤 날

제3부

믿느냐

하냥 높은 산에 올라 밑도 끝도 없이 세상을 향하여 외쳤던 그 말
벗에게 귀 간질이며 했던 그 말
그녀에게 일생을 던지며 울먹였던 그 말
도끼로 내려치듯 하늘이 쩌엉쩡 깨지는 어느 날의 우레처럼
그 말을 오늘 듣는다
문밖에 그 기척
걸레가 된 신발이 끌고 온 길은 세월이 삭제된 테이프처럼
바람이 가득 차 있다

믿느냐
진즉 나에게 물었어야 할 그 말
벙어리 폭설로 그 죄를 묻고 있다

기억하리라

오래된 마을에
사람들은 가고 공덕비만 남았다

돌이 굳다고
그 속에 새긴 허명들이 단단하겠는가

남쪽
바닷가 어느 마을의 시비처럼
나도 당신의 남쪽 바다 끝머리에
서 있고 싶다

해풍이 덮고
노을이 쓸어 주고
새들도 여린 목청 올리는

나는 당신에게 건너가는 꽃다발이 되고 싶다

칼 가는 사내

전봇대에 기대어 하루 종일 개점휴업인
사내의 머리 위에 떨어질 듯 위태롭게 펄럭이는

칼 가세요

지나가는 바람이 심심한 듯 칼을
갈로 가는 동안

시퍼렇게 벼리고자 했던 몸이
스르르 한 세상 공중제비를 돌면서
이윽고 한 자루의 칼이
어떻게 가을이 되는지
저 홀로 부끄러워 낯 붉어지는
한 사내의 꿈

바람의 전언

저기, 별똥별
그리우면 지상으로 떨어질 것이라고 했다
밤을 기다려
하루 이틀 마다 않고
하늘을 우러르는 일은 맑고 그윽한 일
오지 않는 전언 대신 겨울이 왔고 바람이 불었다

푸른 이끼가 돋은 약간의 우울에는 쌉싸름한 냉소가 섞여
주저하며 닫지 않은 문 안으로 그림자를 들여놓았다
얼굴 보이지 않으니 가슴이 따가워지고
목소리 들리지 않으니 귀가 커지는 바람의 그림자
홑이불 야윈 몸에 두르니 기척이 들릴 듯도 하였다

별똥별은 화약을 품고 있었다고 바람이 전해 주었다
이런, 이미 당신은 나를 스쳐 지나갔다
봄이면 지천으로 당신을 받아들여 온몸으로 터져 버린 꽃들을
누군가는 보게 될 것이다

고목枯木의 말씀

소리가 안 들려
귀가 늙었나 봐
눈도 가물가물해
나쁜 소리 안 듣고
더러운 것 안 보여서 좋아
모처럼 정신이 돌아온
구순 넘은 어머니 말씀이다

한겨울의 꿈

쮸쮸,

찌이이,

찌이 찌이,

찌이 쮸 쮸

찌이 찌이 찌이 찌이

찌이 찌이 찌이 찌이 찌이

남쪽 바다 분홍 바람 오선지에 걸려 있는

이 말 뜻을 온몸에 품어

어쩔 수 없이 붉어지지 않을 수 없으리

이윽고 꿈을 박차고 동박새 날아오를 때

뚜욱

뚝!

빈 둥지처럼

떨어지며 피는 꽃

나도 그런 때 있었다

시월

시월이라는 사람에게 편지를 쓴다
한껏 마음을 내어주는 하늘 편지지에
꾹꾹 눌러 숨겨 둔 글자들
흰 구름 우표를 붙여
바람에 실려 보낸다

시월이라는 사람이 답신을 보내왔다

살얼음 낀 하늘에

기러기 한 줄

---

* 사월이라고 쓰고 시월이라고 읽는다!

닭이 통닭에게

의사가 말했다
너무 오래 걷지도 말고
빨리 뛰지도 마세요

오래 걷지도 않고
빨리 뛰지도 않으려고
느리게 날아가기로 했다고
헤아릴 수도 없는 무정란의 꿈을 낳았던
닭이

거두절미의 한 문장을 보여 주었다

어떤 말씀

뼈 없는 동물이 되라 하신 이
겨울잠인지 동안거인지
봄이 될 때까지 기다리라 하신 이
그 닫힌 문을 향하여
신이 사라지고 발이 닳고 닳도록
무작정 걸어왔으나
쓸데없이 길어진 팔
붉은 혀의 꽃밭 같은 손은 문고리에 닿을 듯 말 듯
봄이 오지 않기를 기도했네
차라리 삭풍에 매 맞는 것이 행복하다고
미치지 않으면 저럴 수 없다
눈사람
말씀 대신 서 있네

불후의 명곡

세월 이기는 사람 보지 못했다
어느 사람은 늙어 갔고
어느 사람은 낡아 갔다

늙지도 않고
낡지 않을 수 없으나
높은 나뭇가지에 매달려
그저 잘 익어 갈 수는 있을 듯

문득 한 소절 바람이 지나가기를 기다려
늙음과 낡음이 몸을 섞어
물컹 뒷맛으로 남는 일

독이 오른 가슴에서 쏴아쏴아 술 익는 소리
석류 기어코 터지고 말 때 들려오는
시월의 시린 저 발자국 소리

장사의 꿈

한 사내 산을 허물고 있었다
광맥을 찾는다는 것은 광부狂夫의 일이라 했다
하염없이, 부질없이, 그러나 끊임없이
광맥을 찾으면 떨어진 단추 하나 꿰맬
강철 바늘을 만들 것이라고 그가 말했다

Sky life

늘 배고픈 저 아가리
복음은 눈으로 볼 수 없고
관음은 귀로 들을 수 없어
허공을 밟고 오시는 어떤 사람
오늘도 수신불량이다

쉰하고 여덟

잘 삭아 가고 있는 바다의 마음과
곁 사람의 그림자로 입 안에 녹아드는 젓갈의 맛

부사副詞로 족하다!

발밑

애써 보이지도 않는 먼 길을 미리 걱정할 필요가 없다
돌부리는 발밑에 있고
발밑에는 굳은 땅 밀고 올라오는 새싹이 있다
돌부리에 차이면 발이 아프고
무심코 내 발이 싹의 머리를 누를 때
지구는 온몸으로 기우뚱거린다
발밑을 조심하라
발밑을 내려다볼 때
너는 땅에 경의의 절을 하고 있는 것이니

어떤 안부

소식은 멀리서 들어야 향기가 난다
세상 떠난 지 오래인 어떤 이의 부고가
산다화 필 무렵 눈에 짚이고
야반도주한 모 씨가 부자가 되었다는 누더기 같은 이야기를
흘러가는 강물이 귀를 씻어 주듯이
그리운 소식은 길이 멀어야 가슴에 메인다

오늘의 할 일

날개를 잘라 주어야겠다
이쪽 횃대에서 저쪽 횃대 사이
그 한 뼘을 오가는
조롱 속의 발자국 소리

간밤 꿈속에서
마침표를 찍고 또 찍었다

물도 주고
모이도 주었으나
미안하다
오늘도 나는 강철같이 푸른
저 하늘을 데려다줄 수 없구나

날개를 잘라 주어야겠다

빈 둥지

새가 죽었다
굶어서 죽었다
부화장에서 태어나
쓰레기봉투 속에 버려졌다
저 어린 것이
짝 잃어버리고도
몇 년을 혼자 굳세게 버티더니
배고픔은 참지 못했다
좁쌀 몇 알
눈물 한 방울 만큼의 물
하루치의 밥을
스스로 거두지 못한 죄
스스로 둥지 속에 몸을 눕혔다
빈 둥지에 똥의 얼룩이 남아 있다
그 빈 둥지
내 가슴속에 우체통처럼 있다

분수에게 묻다

끓어오르는 분노도, 솟구치는 환희도 한 순간 포말로 부서져 내리는 것을!

미사여구도, 독설도 누군가의 가슴팍에, 정수리에 가닿지 못하고 휘발되어 버리는 것을!

무럭무럭 아이들은 그 속으로 들어가 몸을 적시고, 지어미는 흐뭇하게 그 모습을 바라보고, 오갈 데 없는 노인네의 동공 속으로 들어가는 포말의, 순간의, 추억의 주름진 그림자……

제4부

향나무*처럼

칠백오십 년 살았다
이리 뒤틀리고 저리 꼬여 버린 세월 따라
용의 승천을 꿈꾸었던 것은 아니다

도끼로 찍으면 흘러나오는 피
봄 햇살보다 부드러운 향기는
비바람과 한숨과 오열이 발효된 까닭

그 첫 술잔에
도원경을 눈망울에 가득 담으려면
아직 몇백 년 더 살아야 할 것 같다

정적 한 폭에 바람을 빌려 힘껏
한 획을 긋는 일처럼

---

* 창덕궁에는 수령樹齡이 700년이 넘은 것으로 추정되는 향나무가 있다. 천연기념물 제194호로 지정되어 있다.

지렁이

천형은 아니었다
머리 함부로 내밀지 마라
지조 없이 꼬리 흔들지 마라
내가 내게 내린 약속을 지키려 했을 뿐이다
뿔 달린 머리도
쏜살같이 달려가는 시간의 채찍 같은 꼬리도
바늘구멍 같은 몸속으로 아프게 밀어 넣었을 뿐

지상을 오가는 더러운 발자국에
밟혀도 꿈틀거리지 않으려고 지하생활자가 된 것은 아니다
주변인이라고 불러도 좋겠다
외톨이라고 불러도 좋겠다
햇볕을 좇아 하늘을 향해 뻗어 가는 항일성의 빈손보다
악착같이 흙을 물고 늘어지는 뿌리의 사유 옆에서
거추장스러운 몇 겹의 옷을 부끄러워했을 뿐

제자리를 맴도는 세상에서
빠르거나 느리거나 오십 보 백 보
허물을 벗을 일도
탈을 뒤집어쓰다 황급히 벗다 얼굴을 잃어버리는 일도 내게는 없으나
온몸을 밀어 내며 나는 달려가고 있다
이 밝은 세상에서 어두운 세상으로
온몸을 꿈틀거리며 긴 일획을 남기며 가고 있다

슬픔도 오래되면 울울해진다

견디지 못할 슬픔도 있고
삭지 않은 슬픔도 있지만
슬픔도 오래되면 한 그루의 나무가 된다

가지를 뻗는 슬픔
잎을 내는 슬픔
뿌리가 깊어지는 슬픔

이 모든 상형의 못난 한 그루의 나무가
살아 있는 사람들에게 위안이 되고
희망이 된다

울진 소광리의 못난 소나무
600년의 고독을 아직도 푸르게 뻗고 있다

염막鹽幕을 지나며

수평선 너머 난바다가 가슴속으로 밀려들어 온 날부터 행복한 천형天刑은 시작되었다

푸르고 울렁거리는 그 말
바다의 살을 발라내는 한여름이 지나고
저녁노을
그 불길의 그림자를
허물어져 가는 창고 쪽으로 늘어뜨리자
그제야 바다는 남김없이 제 몸을 화염에 던져주었다

사리로 남은 흰 꽃
발이 없어도 천 리를 가고
생의 행간에 슬며시 발자국을 남기는 법

염막 같은 한 사내가 수없이 되뇐 빛나는 눈물 속에는
독과 약이 함께 부화의 날을 기다리고 있다

수청리 그 나무

잎 내고 팔 뻗치는 일이
나무의 말씀인 줄 알았다
푸르러지고
곧아지는 것이
나무의 말씀인 줄 알았다
일렁이는 꽃물결과
열매들이
나무의 말씀인 줄 알았다
아, 그러나 가을이 가아을 하고
긴 숨 토해 내며 오기 전까지
아니, 잎 지고 꽃 지고
열매 떨어지기까지
나무는 한마디 말도 건네지 않았다
저 강물처럼 맨몸으로
바람을 온몸으로 받아들일 때
그때
나무는
쓸쓸 쓸쓸
한마디 말씀을 나눠 주었다

보자기의 꿈

뼈대가 없으니 줏대도 따라서 없다고
눈길 닿지 않는 구석에 처박혀 있는
보자기들이 꿈을 꾼다

부끄러운 물건을 가려 주고
음식을 덮어 주고
소중한 예물을 바치는 공손한 손
명품 가방이 도저히 담을 수 없는 그 마음이
이리저리 접힌 채 복福을 꿈꾼다

깃발이 되지 못해도
만장이 되지 못해도
바람에 휘날릴 수는 있다는 듯
나일론 인생들이 숨죽이며 가슴을 열고 있다

이사

강남 이 편한 세상에 그가 왔다
검은 제복 젊은 경비원이
수상한 출입자를 감시하는 정문을 지나
대리석 깔린 안마당에 좌정했다

몸이 반쪽으로 쪼개져도
죽지 않고 용케
당진 어느 마을 송두리째 뭉그러져 사라져도
용케 살아남았다

마을을 오가는 사람들의
머리 쓰다듬어 주고
비바람 막아 주며 죽은 듯
삼백 년 벼락 맞고도 살아 있더니
이 편한 세상에
한 그루 정원수로 팔려 왔다

푸르기는 하나 완강한 철책에 둘러싸여

손길 닿지 않는 그만큼의 거리
저 불편한 세상과
이 편한 세상 사이에서
눈이 멀고
귀가 막힌 침묵의 우두커니

새 한 마리 깃들지 않은 이곳
집과 무덤 사이의 어디쯤이다

담쟁이의 꿈

눈을 떠도 눈앞이 캄캄한 사람들은 알지
허공에 손을 내민다는 것이
얼마나 두려운 일인지
꼿꼿이 서는 나무의 꿈이 사라지고
그리하여 한 뼘이라도 더,
해의 피를 따스하게 꿈꿀 수 있는 심장에
가닿고 싶은 것이 죄가 된다는 것이

허공에 손들이 허우적거린다
나는 새가 되고 싶지 않아
날고 싶지 않아
그러나 어디든 끈질긴 희망의 몸에
날개가 되어 주고 싶어
저 벽의 날개
너와 나를 가르는 저 벽의 날개
견고한 모든 슬픔이
새가 되어 날아갈 그날까지
나는 푸르게 푸르게

날개를 키울 거야

눈을 떠도 눈앞이 캄캄한 사람들의 손이
허공에 핏줄을 새긴다
깃발처럼 펄럭인다

구름의 집

한때 집이었고
기둥이었던 폐기물 속에서
새들이 날아오른다
둔탁한 광물의 알 속에서
밤새 얼룩진 기도를 마친
순례자처럼
붉은 눈물의 태양을 향해 솟아오른다
누구는 스모그라 하고
누구는 먼지라고 호명하는
새들의 뒤를
몇 점 구름이 수호자가 되어
뒤따르고 있다
버려진 폐기물들은 다시 한 번
더 버려진다

구름의 집이라는 낭만의 집
그러나 구름은 집이 없다
몸통은 없고

날개만 퍼덕이는

하루살이처럼

번개의 초상

두꺼운 구름 사전의 갈피 사이에서
태어나자마자 사라져 버리는 찰나의 꽃송이
갈기갈기 부서져내려도
그러나 영원히 죽지 않겠다는 듯이
지금
열린 빗장을 넘어 달린다
한 마리
두 마리 세 마리 네 마리
동토와 사막 그 사이
어디엔가 멈춰서면 다시 하나가 되는 말
그러나 그 말은 아직 태어나지 않은 말

똬리를 튼 채 긴 잠에 빠져 있는
겨울 강이 몸을 뒤척일 때마다
아직 물로 환생하지 못한 불이
없는 날개를 퍼덕이는 문장이 보인다

스카이 댄서

풍경은 서 있다 흔들흔들
벽을 뚫고 고개를 넣어도
풍경은 고무줄처럼 늘어날 뿐
쓰러지지도 모로 기울지도 않는다
나무가 뿌리로 날갯짓하며 하늘을 날아가는 듯
시한부 벽보의 웅크린 글씨로 응축되어 있는
출발선에 선 단거리 선수들의 가쁜 숨
등을 보이며 열 걸음 걸어가는 카우보이는
열 걸음을 걸은 후에도 몸을 돌리지 않는다
어디서 총알이 치명적인 사랑을 겨누었으나
탕! 풍경이 잠시 기우뚱하다가 오뚝이처럼 일어선다
풍경을 그린다는 것은 무모한 일
어쩐지 내세 같은, 무너진 폐허 같은
앞뒤가 없는 풍경을 무한히 뒤집어 보는 저 사내
행인들을 향해 쓰레기 줍듯
연신 허리를 굽히고 있다
세월이 하염없이 가엾다는 듯

껌

씹어 주세요
내 몸의 향기와 달콤함이 사라질 때까지
이빨로 자근자근 애무해 주세요
버릴 땐 안녕이란 말은 하지 마세요
애꿎게 재회를 약속하는 것은 쿨하지 않아요
전에 무엇을 했느냐고 묻는 것도 예의가 아니에요
전생에 나무였다고 말하면 믿으시겠어요
나무의 눈물이 고무라 하면 웃으시겠어요
이 질기고 탄력 있는 몸매는
어쩔 수 없이 숨기지 못하겠네요
이 열등감이 집착이 되네요
이제 이 열등의 이빨로
어디든 붙어 드릴께요
당신이 나를 버리는 그 순간

껌은 이렇게 해석된다. 잘 안 풀린, 어려운, 잊혀진, 조건이 좋지 않은, 돈을 잘 벌 것 같지 않은 마이너리티

공하고 놀다

상상 임신 끝에 알을 낳았다
무정란의 공
부화되지 못한 채 주렁주렁 망태기에 담겨 있다가
태생의 탱탱함으로 이리저리 차이다가
별이 될 듯 하늘로 솟구치다가
울타리를 넘어 차에 치여 사정없이 찌그러진다

제 힘으로 일어서지 못하는 공
끝내 가죽만 남아 쓰레기통 속으로 들어간다
누군가는 평생을 걸고 이 공에 대해 화두를 던졌다

이 공의 주인은 누구인가!

생각하는 사람

생각하는 사람은 불편하다
국보 78호 반가사유 부처님이나
국보 83호 반가사유 부처님도 불편하다
어디로 튈지 모르는 공처럼 휜 저 불온한 몸에
문신을 새기는 일만큼 사람의 생각은 불편하다

한쪽 무릎을 구부린 채
구름 같은 머리를 팔로 받친 채 각을 세워 보라
아무래도 생각하기 위해서 턱을 고이고 다리를 구부렸던 것은 아닌 것 같다
아니면 고통 없이는 생각이 일어나지 않으므로
반가사유가 그러하듯 저 자세는
먼저 고통이 찾아오기를 기다리는 반드시 거쳐야 할 의식인지도 모른다
고통을 생각하는 나날이 지나야
고통의 물집이 터지고 굳은살이 박여야 생각은 맑아질지 모른다
그러므로 생각은 생각을 먹고 자란다

생각이 사라져야 찾아오는 안락은 없다
평화만이 가득한 세상에서는 평화라는 단어가 없다
전쟁을 겪어야만 의붓자식처럼 평화가 태어나고
전쟁이 뭔지도 모르고 전쟁을 치르고서야 전쟁 아닌 시간에 대해서 뉘우친다

생각하는 사람 앞에 서면
오래 잊고 있었던 마룻바닥의 못처럼
불쑥 튀어나온 생각이 또 불편하다

틀니

어제는 교회에 갔고 오늘은 법당에 들었습니다
그곳에 가면 하루치의 까닭 모를 분노가 잡초처럼 돋아 오르고
욕지거리가 목구멍까지 치밀어 오릅니다
고요히 앉아 지난 신문을 거꾸로 들어 읽으시는 그분의 마음을
헤아리지 못하여 난폭해지기도 합니다
먹어도 먹어도 배고픈 병
일 년 열두 달 눈 내리는 나라
앞으로 나아가기만 할 뿐 되돌아오는 길이 지워져 버려
그분의 얼굴은 평화 그 자체입니다
이곳이 지옥이었다가 극락이 되기도 하는 것처럼
그분은 경극의 주인공이십니다
입 벌리세요
호랑이는 굶어서 죽지 잡아먹히지는 않겠는지요
틀니를 뽑아 물에 헹굴 때 그분은 순하디순한 얼굴로

웃고 계십니다 아니 웃음과 울음의 경계가 무너집니다

나의 교회와 나의 법당

어머니를 벗어날 때 어쩔 수 없이 나는 어리석은 양

길 잃은 양이 되어 눈물 납니다

선물

배운 것 없고 아는 것 없어
바다에 절하며 살았다
지성이면 감천인지 바다는 아무 말 없이
미역도 내어주고 파래도 톳도 던져 주었다
오래전 서방님을 삼켜 버린 바다
수평선에 걸어 놓은 그리움마냥
마르고 딱딱해진 선물은 누가 준 것인가
머리를 짓누르는 생계를 이고
굽이굽이 고갯길을 넘어갔다 되돌아오니
육십 년이 돌았네
얼굴에 깊이 파인 이 주름살이 그 흔적이야
절룩이는 발자국이야
오늘도 바다에 절을 하며 손에 미역 몇 줄기 받아 든
부르는 사람 없어 이름 오래전 잊어버린 할머니

세월에 빛바랜 꽃잎 같은 웃음이어도
얼굴에 환하기로 으뜸이다
어둡고 험한 밤길을 걷다가 문득
내 가슴에서 피어나는 그 꽃

시의 빗자루를 들고 경계에 서 있는 시인

정 유 화

(시인 · 서울시립대 강의전담교수)

1. 경계 공간에서 나오는 시적 반향과 울림

익히 알고 있듯이, 하이데거는 인간을 세계 내에 던져진 피투성被投性의 존재라고 정의하고 있다. 이 말에 의하면, 인간은 자신을 둘러싼 세계와의 관계에 의해서 그 자신의 존재적 의미를 드러낼 수 있다는 뜻이다. 그러므로 인간의 의미는 하나의 굳어진 고정된 형태로 존재하지 않는다. 주어진 세계, 곧 현실적인 환경과 공간에 따라 그 의미는 유동적으로 변화되는 특징을 지닌다. 그렇다면 그 변화에 가장 민감하게 반응하며 살아가는 사람들은 누구일까. 다시 말해서 현실적인 세상에 대하여 가장 예민한 촉수를 드러내고 살아가는 사람들은 누구일까. 그것은 다름 아닌 바로 시인들이다. 시인들은 일상적인 삶 속에서도 시적인 삶을 영위하기 때문이다.

예의 일상적인 삶은 세속적이고 물질적인 삶의 형태를 강요한다. 그러다 보니 삶은 획일화되고 기계처럼 작동하는 피동적인 모습을 보여 주게 된다. 이에 따라 자아와 세계와의 본질적인 관계를 제대로 파악하지 못하고 현상적인 관계만을 전부인 양 받아들이게 된다. 하지만 시적인 삶은 그와 차원을 달리한다. 시적인 삶은 일상적인 삶의 형태에 균열이 일어나도록 만들거나 아예 그것을 깨뜨려 버리기도 한다. 이를 통하여 자아와 세계와의 본질적인 관계를 깊이 있게 탐구·조망해 나간다. 이러한 과정에서 시인들은 자기 성찰과 자기반성을 하기도 하며, 더불어 세계에 대한 응전력을 키우기도 한다.

시인들이 자기반성을 통하여 세계에 대응하는 방식은 주로 세 가지 형태로 나타난다. 하나는 자아를 둘러싼 부조리한 세계를 자아의 의지대로 개척·개혁하려는 태도이고, 다른 하나는 이와 반대로 부조리한 세계를 버려둔 채 자아의 내면으로 회귀하여 그 속에 깊이 침잠하려는 태도다. 전자가 자아를 확대해 나가려는 의지를 보여 준다면, 후자는 자아를 축소해 나가려는 의지를 보여 주는 것이 된다. 말하자면 전자는 적극적·능동적인 시적 태도를 보여 주고, 후자는 소극적·수동적인 시적 태도를 보여 준다. 이를 달리 표현하면, 전자는 세계와의 연결이요 후자는 세계와의 단절인 셈이다.

문제는 전자 쪽으로만 치우치게 되면, 시가 현실의 노예가 될 수 있다는 점이고(이념문학), 반대로 후자 쪽으로만 치우치게 되면, 시가 환상의 노예가 될 수 있다는 점이다(순수문학). 그러므로 이를 적절하게 중재할 대안이 필요할 수밖에 없다. 말할 것도 없이 그 대안은 자아와 세계의 조화로운 융합이다. 이것이 바로 마지막으로 언급해야 할 시적 태도다. 여기서 조화로운 융합은 자아와 세계의 동시적인 반성을 요구한다. 어느 한쪽만을 요구할 때는 시적 태도의 불균형이 일어나기에 그러하다. 이런 점에서 조화로운 융합에 의해 산출되는 시적 세계를 미적 문학으로 명명해도 무방하리라고 본다. 나호열 시집 『촉도蜀道』가 우리들의 비상한 관심을 끄는 이유도 바로 여기에 있다. 그의 시집이 다름 아닌 미적 문학을 향한 긴 시적 여정을 보여 주고 있기 때문이다.

그의 미적 문학은 즉흥적이고 단발적인 상상력에서 나온 산물이 아니라 냉철하고 사려 깊은 상상력에서 나온 시적 산물이다. 그만큼 현실과 내면에 대한 자아의 성찰과 반성이 깊었다는 얘기다. 예의 미적 문학이 발생하는 지점은 현실과 내면이 접촉하고 충돌하는 경계 지점이다. 그러므로 그 경계 지점은 현실적 욕망과 내면적 욕망이 상호 길항하는 심리적 공간이 된다. 고통을 동반하는 공간이 된다. 그렇다면 나호열 시인이 왜 이러한 심리적 공간에 서 있고자 했을까. 그 이유는 간단하다. 그는 지금까지 살아온 모든 삶, 곧 시적으로 이뤄진 모든 삶이 가식이었고, 거짓이었다는 것을 깨닫게 된다. 그동안 해 온 모든 말들이 "달콤한" 맛으로 꾸며진 "거짓말"

이었다는 것, 또 그러한 "거짓말"로 "가득했던 책"(「금서를 쓰다」)을 써 왔다는 것을 고백하는 시인의 진솔한 언술이 이를 예증한다. 따라서 거짓말을 한 몸, 그러한 몸으로 살아온 생, 그러한 생으로 쓴 책들은 모두 버려야 할 소산이 된다. 시인의 말대로 하면, 그 모든 것을 절대 읽어서는 아니 될 "금서"인 것이다.

시인이 모든 것을 버리고, 모든 것을 해체시키고 났을 때, 남는 것은 하나도 없다. 현실도 비어 있고, 내면도 비어 있다. 이런 점에서 보면, 미적 문학은 텅 빈 공간에서부터 출발한다. 그 출발은 곧 새로운 삶을 향한다는 의미도 지니고, 또 새로운 시적 세계를 향한다는 의미도 지닌다. 달리 표현하면, 기존의 모든 시적 삶을 청산하고 문단에 갓 데뷔한 신인처럼 때 묻지 않은 풋풋한 자세로 새로운 시적 세계를 창조하려는 의지라고 할 수 있다. 말할 것도 없이 그 텅 빈 공간에는 새로운 현실과 새로운 내면이 생성되어 상호 조우한다. 예의 시인은 그 조우 지점, 즉 경계 공간에 서서 시적 삶을 모색하게 된다.

그런데 그의 시에서는 그 조우의 형태가 상호 대립하는 것으로 나타난다. 가령 자연과 인간의 대립, 원시와 문명의 대립, 세속과 탈속의 대립, 순수와 불순의 대립, 현실과 이상의 대립, 믿음과 불신의 대립, 상상과 경험의 대립 등으로 다양하게 나타난다. 문제는 시인이 그 대립을 융합하거나 극복하지 못한 채 그 대립의 경계 공간에 머뭇거리고 있다는 점이다. 물론 그 머뭇거림은 그것을 해결하기 위한 하나의 시적 사유, 시적 행위에 해당한다. 시집『촉도蜀道』에서 반향과 울림이 크게 일어나는 것도 사실 그 머뭇거림에 기인한다.

2. 자연과 인간의 대립적 조우와 그 머뭇거림

시집『촉도蜀道』에서 가장 흥미로운 시적 상상력을 제공해 주는 것은 다름 아닌 자연과 인간의 대립적 만남이다. 시인은 그 대립적 접촉, 곧 그 경계 공간에 서서 자연과 인간에 대한 의미를 탐색하게 된다. 그런데 그 탐색은 쉽지가 않다. 시인이 그 경계 공간에서 머뭇거리는 것도 거기에 기인한다. 왜 쉽지가 않을까. 나호열 시인의 시에서 자연과 인간은 아예 의사소통이 불능한 상태로 굳어져 있기 때문이다. 그만큼 자연과 인간은 상호 소통하지 못한 채 절연의 상태로 존재해 온 셈이다. 시인에게 그러한 대립적인 만남은 시인의 존재적 기반을 흔드는 것으로 작용한다. 시인에게 자연적 세계는 "하늘 편지지에/ 꾹꾹 눌러 숨겨 둔 글자들"을 "흰 구름 우표를 붙여/ 바람에 실려 보"(「시월」)낼 수 있는 글쓰기의 근원적 공간, 곧 시적 공간이기에 그러하다. 이에 못지않게 인간적 세계도 "허리끈 마음껏 풀고 죄짓지 않고 자랑스럽게 번 돈으로/ 소 등심 몇 점"을 "불판 위에 올려놓"(「고한에서」)고 사는 인정스런 생활공간이기에 그러하고, 더불어 "빨간 심장을 닮은 우체통"(「어슬렁, 거기」)을 통해 사람들의 마음을 나누는 사랑의 공간이기에 그러하다. 그래서 시인은 자연과 인간을 융합하여 행복한 우주 공간, 의사소통이 자유롭게 이루어지는 우주 공간을 시적으로 창조하려고 한다. 이를 위해, 시인은 자연의 세계를 원시문명 · 미개문명, 인간의 세계를 물질문명 · 도시문명으로 상징화해서 시로 창조해 나가고 있다.

하루 동안 이만 년을 다녀왔다

선사先史로 넘어가는 차령車嶺에서 잠시 주춤거렸지만
돌로 도끼를 만드는 둔탁한 깨짐의 소리가
오수를 깨우는 강변에서
말이 통하지 않는 한 사내를 만났다
어디로 흘러가는지 모르는 강을 따라
목책으로 둘러싸인 움집 속
몇 겹의 옷을 걸쳐 입은 그의 손엔
날카로운 청동 칼이 번득이고
여전히 말이 통하지 않은 채
삼천 년이 지나갔다
내가 노을 앞에서 도시의 불빛을 되뇔 때
그 사내는 고인돌 속으로 들어가
뼈 하나 남기지 않고 사라져 갔다
천오백 년 전 망한 나라의 나들목을 지나
하루의 풍진을 씻어 내는 거울 앞에
수척해진 채 돌도끼를 만들 줄 모르는
구석기의 사내가
우두커니 서 있었다

—「구석기의 사내」 전문

이 텍스트에서 자연과 인간이 만나는 경계 지점은 다름 아닌 "차령" 고개다. 도시에서 차령을 넘어가면 상징적으로 선사시대로 회귀하는 것이며, 반대로 차령에서 도시로 넘어오면 현대시대가 되는 것이다. 그러므로 경계 공간인 "차령"은 양항의 의미를 산출해 주는 매개적 기능을 한다. 먼저 공간적으로 보면, 선사시대 공간에서는 "돌로 도끼를 만드는" 한 사내가 있다. 원시문명답게 그 사내는 강 주변에 있는 "움집 속"에 살고 있다. 말하자면 구석기시대의 모습을 보여 주고 있는 셈이다. 하지만 그 사내는 신비하게 구석기시대만을 산 주인공이 아니다. 그 사내는 어느 순간에 구석기를 넘어 청동기시대를 살고 있는 모습을 보여 주기도 한다. 돌도끼를 든 모습에서 "청동 칼"을 든 모습으로 전환된 코드가 이를 말해 준다. 이러한 언술이 가능한 이유는 그 사내가 "몇 겁의 옷을 걸쳐 입"고 있기 때문이다. 주지하다시피 겁이라는 것은 계산할 수 없는 무한한 시간을 의미한다. 그러므로 그 사내는 시간의 제약을 받지 않는 어떤 초월적인 힘을 지닌 신화적 사내가 된다. 이에 따라 자동적으로 선사시대는 신화적 공간으로 현현한다.

문제는 시인인 화자, 곧 "도시의 불빛"을 먹고 사는 화자가 신화적 공간 속으로 들어가 원시문명인인 그 사내와 이야기를 나누고 싶어 하지만 그것이 불가능하다는 사실이다. "말이 통하지 않"기에 그런 것이다. 물론 화자는 말을 걸기 위해 노력하지만 그 사내는 전혀 호응을 하지 않는다. 그래서 대화도 해 보지 못한 채 "삼천 년"의 시간을 함께 보내고 만다. 그럼 어떻게 하루 동안 화자가 그 사내와 함께 삼천 년이라는 초월적 시간을 보낼 수 있었을까. 그것은 다름 아니라 신화적 공간에 입사한 사람 역시 신화적 세계에 감염되어 그 초월성을 획득할 수 있기에 그러하다. 하지만 그럼에도 유독 의사소통이 되지 않으니 답답하지 않을 수 없다. 도대체 어떻게 해서 의사소통이 되지 못할까. 그 원인은 바로 화자인 나에게 있다. 나의 몸은 신화적 공간에 있지만 나의 의식은 여전히 도시적 삶인 "도시의 불빛"을 기억하고 있기 때문이다. "도시적 불빛"은 물질문명, 도시문명의 상징으로서 자연적 세계의 상징인 원시문명을 억압해 오거나 해체해 온 불온한 세력이다. 화자가 "도시의 불빛"을 떠올리자 그 사내가 "고인돌 속으로 들어가" 아무 흔적도 없이 사라진 이유도 거기에 있다.

원시문명과 물질문명을 소통시키기 위해서는 도시적 삶의 원리가 아니라 자연적 삶의 원리를 먼저 터득해야 한다. 도시적 삶의 원리로 보는 피상적인 것들을 내려놓고 자연적 삶의 원리로 보아야 한다. 그런데 화자는 그것을 미처 깨닫지 못하고 도시적 사유로서 그 사내를 보고 있었던 것이다. 그 사내와 의사소통을 하기 위해서는 적어도 "돌로 도끼"를 만드는 구석기시대의 삶의 원리를 체득했어야 했다. 물론 시인인 화자는 그것을 뒤늦게 깨닫게 된다. 원시문명, 곧 신화적 공간에서 차령을 넘어 다시 도시 공간으로 돌아왔을 때, 비로소 "돌도끼를 만들 줄 모르는" 자신임을 깨닫게 된 것이다.

예의 시인의 이러한 깨달음은 자신의 삶의 존재 방식을 바꾸어 놓고 만다. 시인은 도시 공간에 돌아와서 신화적 공간에서 만났던 그 사내를 자아로 치환하게 된다. 이에 따라 도시인과 원시인의 양면성을 동시에 지닌 존재로 현현한다. 요컨대 돌도끼를 만들어서 살고 싶은 도시인이 된 셈이다. 참으로 놀라운 시적 상상력이 아닐 수 없다. 물론 이러한 모순적인 사람은 일상생활을 영위하기가 쉽지만은 않다. 도시인으로서 원시적인 삶의 방식으로 살아야 하고, 원시인으로서 도시적인 삶의 방식으로 살아야 하기 때문이다. 시인이 그러한 모순의 자아상을 보고 "우두커니 서 있"는 처량한 모습의 이미지로 표현한 것도 이에 기인한다. 이처럼 나호열 시인은 도시와 자연, 원시와 문명, 그 경계 지점에서 새로운 삶을 욕망하고 있다. 기존의 때 묻은 모든 사유를 버리고 새롭게 사유하는 그 신선한 모습에 감동을 받는다.

나호열 시인이 도시인이자 원시인으로서의 존재가 되자, 시간의 제약도 자유롭게 뛰어넘을 수 있게 된다. 이제 그는 하루에 "이만 년"을 자유롭게 살 수도 있고, "삼천 년"도 자유롭게 살 수도 있다. 도시인으로서 신화적 세계를 내재하고 있기에 그런 것이다. 텍스트의 시간적 구조를 보면, 구석기시대는 "이만 년" 전이고, 청동기시대는 "삼천 년" 전이고, 어떤 망한 나라의 시대는 "천오백 년" 전이며, 시인이 사는 시대는 '2000년대 현재'로 나타난다. 시인은 이것을 하루에 다 살 수 있는 것이다. 다만 시인이 구석기시대로 거슬러 갈수록 원시성이 강화되고, 현재로 다가올수록 도시성이 강화될 뿐이다.

이처럼 시 공간을 자유롭게 넘나드는 것을 한마디로 언급하면 시적 환상이라고 할 수 있다. 시집 『촉도蜀道』의 큰 수확 중 하나가 바로 시적 환상이 아닐까 한다. 주지하다시피 시적 환상은 시적 현실과 팽팽한 관계를 유지하면서 시적 미학을 드높인다. 라캉에 기대어 보면, 시적 환상은 상상계에 해당하고 시적 현실은 상징계에 해당한다. 전자는 쾌락원칙에 따라 대상과 행복한 결합을 이루지만, 후자는 현실원칙(여러 규칙과 법률)에 따라 대상과 분리될 수밖에 없는 처지에 놓인다. 예의 그 분리는 곧 억압에 따른 강제적인 분리다. 이런 점에서 보면, 시인은 원시시대의 그 사내와 행복한 결합을 욕망하지만 현실원칙(도시인의 삶의 조건)에 의해 그 결합이 해체될 처지에 놓인 것이 된다.

그래서 시인은 현실원칙이 얼마나 도시적인 삶을 훼손하는지를 보여 주지 않을 수가 없다. 사실, 시인이 원시시대를 욕망하게 된 것도 따지고 보면 현실원칙에 의해 도시적 삶의 세계가 죽어 가고 있는 데 대한 반발에서 나온 것이다. 이 지점에서 자연과 대립하는 도시를 보자.

> 경비원 한 씨가 사직서를 내고 떠났다
> 십 년 동안 변함없는 맛을 보여 주던 낙짓집 사장이
> 장사를 접고 떠났다
> 이십 년 넘게 건강을 살펴 주던
> 창동피부비뇨기과 원장이 폐업하고 떠났다
>
> —「촉도蜀道」 부분

도시적 삶의 현실은 비정하다. 현실원칙인 경제적 논리에 따라 직업의 종류와 상관없이 대개의 부류들이 삶의 현장, 곧 생명의 현장에서 퇴출당하고 있다. 예컨대 경비원, 낙짓집 사장, 피부비뇨기과 원장 등 무차별적으로 삶의 터전에서 떠나가고 있다. 사직서를 내며 떠나거나, 장사를 접고 떠나거나, 폐업을 하고 떠난다는 것은 사실 생활의 죽음을 의미한다. 왜냐하면 도시에서 자본 없이는 생활을 도저히 영위해 나갈 수 없기 때문이다. 이에 따라 도시는 오직 살기 위한 삶의 전쟁터, 곧 자본을 소유하기 위한 각축장이 될 수밖에 없다. 따라서 그 싸움에서 패배하면 눈물을 안고 떠나야만 한다. 이것이 현실원칙이다. 말할 것도 없이 시인은 승리하여 남은 자보다 패배하여 떠나는 자를 걱정하며 가슴 아파 한다. 그 아픔에서 발견한 것이 바로 '촉도' 다. '촉도' 는 인생길의 어려운 상황을 비유한 말이다. 시인이 보기에는 도시적 공간은 '촉도' 이외에는 어떤 길도 허락하지 않는 것처럼 보인다. 좀 더 부연하면 "퇴로"마저 "끊어 버린 촉도"만 있을 뿐이다.

시인은 '촉도' 의 길을 원치 않는다. 그것을 바람에 날려버리고 정말 인간적인 사랑으로 가는 길을 간절히 원하고 있다. 시인이 도시 공간과 대립하는 자연의 세계, 유목의 세계, 시골의 세계를 놓고 그 경계 지점에서 시적 사유를 하는 것도 이를 성취하기 위한 전략이다. 도시와 자연은 그 삶의 방식 자체가 다르다. 도시에서는 "절벽을 미는 하루"(「촉도」)가 된다면, 자연에서는 "하늘을 우러르는" "맑고 그윽한"(「바람의 전언」) 하루가 된다. 또한 도시와 달리 유목의 세계에서는

"하늘이 어둠의 이불을 걷어 내면 아침"을 알리는 시계가 되고, "해의 기울기에 온몸을 맡기"면 그 자체가 저녁을 알리는 "시계"가 된다(「어느 유목민의 시계」). 이것 말고도 나호열 시인의 시에서는 도시와 대립되는 자연의 세계가 무수히 등장하는데, 주로 그 자연은 생명, 순수, 자유, 신비, 평화 등의 의미를 내재하고 있다. 더불어 그 자연 속에 있는 인간들은 그 자연과 하나가 되어 우주적인 삶의 원리를 자연스럽게 받아들이게 된다.

주지하다시피 도시문명은 효용성, 경제성, 논리성, 부가가치성 등을 삶의 주요한 원리로 삶고 있다. 이것은 자연적 삶의 원리와 정면 배치된다. 이런 점에서 보면, 도시인과 원시인, 문명인과 미개인으로서 살아가고 있는 시인 나호열에게 도시적 삶은 날마다 큰 고민거리가 될 수밖에 없다. 도시적 삶을 선택하려면 자연적 삶을 포기해야 하고, 자연적 삶을 선택하려면 도시적 삶을 포기해야 하기 때문이다. 하지만 우리들의 우려에도 불구하고, 그는 조금씩 도시적 삶의 원리를 배제해 나가기 시작한다. 그는 영악한 시인보다는 모자란 시인이 되기를 선택한 것이다. 예컨대, 그는 "길이 없어 주인이 허락하지 않으면 들어갈 수 없는/ 섬 같은 땅/ 그래서 가끔 나는 날아서 그 땅에 가 본다// 유랑민 같은 풀들이 제멋대로 뿌리를 내리고/ 참새들이 먹이를 찾다가 퉤퉤 침 뱉고 간 자리/ 멧돼지가 똥 누고 간 땅"(「맹지」)을 소중하게 여기고 있다. 시인이 소유한 땅은 맹지인지라, 즉 도로가 없는 땅인지라 경제성이 전혀 없는 무용한 땅이다. 교환가치도 없을 뿐만 아니라 사용가치도 거의 없다. 도로가 없기 때문에 그 땅에 들어가려면 남의 땅을 지나서 들어가야 한다. 만약에 주인이 그 길을 허락하지 않으면, 시인의 말대로 정말 새처럼 날아 들어가야 한다. 황당하기 이를 데 없다. 그래서인지 심지어 풀과 짐승들조차 그 땅을 박대하고 있다. 그러함에도 시인은 이를 부끄럽게 여기지 않는다. 비록 일 년에 "쌀 두 되 값" 정도의 소출도 나오지 않지만 그는 맹지를 사랑한다. "월화수목금금금/ 휴일에도 생계를 이으려 험한 세상으로 나가는 아내에게/ 아무 말 못(「있으나 마나」)"하는 시인이지만 그는 맹지를 사랑한다. 이처럼 그는 도시와 자연의 경계에서 차츰 자연을 닮아가고 있다.

3. 세속과 탈속의 대립적 조우와 그 머뭇거림

나호열 시인의 시에서 도시문명과 원시문명, 미개문명과 물질문명의 대립적 코드는 세속과 탈속의 대립적 의미로 코드 변환되어 지속적으로 전개되고 있다. 여기에서도 그는 경계 지점에 위치하여 시적 삶을 모색하고 있다. 그의 미적 문학의 통일성을 엿볼 수 있는 대목이다. 예의 세속과 탈속의 대립적 코드는 감금과 해방, 구속(추락)과 비상의 대립적 의미를 산출하게 만든다. 시인은 나무와 종교 이미지를 사용하여 이러한 대립적 의미를 흥미롭게 보여 주고 있다.

강남 이 편한 세상에 그가 왔다
검은 제복 젊은 경비원이
수상한 출입자를 감시하는 정문을 지나
대리석 깔린 안마당에 좌정했다

몸이 반쪽으로 쪼개져도
죽지 않고 용케
당진 어느 마을 송두리째 뭉그러져 사라져도
용케 살아남았다

마을을 오가는 사람들의
머리 쓰다듬어 주고
비바람 막아 주며 죽은 듯
삼백 년 벼락 맞고도 살아 있더니
이 편한 세상에
한 그루 정원수로 팔려 왔다

푸르기는 하나 완강한 철책에 둘러싸여
손길 닿지 않는 그만큼의 거리
저 불편한 세상과
이 편한 세상 사이에서
눈이 멀고
귀가 막힌 침묵의 우두커니

새 한 마리 깃들지 않은 이곳
집과 무덤 사이의 어디쯤이다

—「이사」 전문

이 텍스트에서 나무는 도시인과 원시인의 대립적 의미를 동시에 지닌 시인의 자화상과 전적으로 닮아 있다. 먼저 이 텍스트를 공간적으로 보면 도시와 시골, 즉 강남과 당진으로 대립한다. 전자는 "이 편한 세상"으로서 "대리석 깔린 안마당"의 아늑한 공간이고, 후자는 "저 불편한 세상"으로서 "비바람"과 "벼락"이 치는 거친 공간이다. 표층적으로 보면, 전자는 긍정의 공간이 되고, 후자는 부정의 공간이 된다. 하지만 이러한 양항兩項을 매개하는 나무, 곧 정원수의 등장으로 인하여 그 의미는 반전되고 만다. 당진에서 강남으로 팔려온 정원수는 이 편한 세상에서 오히려 불편한 몸이 되고 만다. 제복 입은 젊은 경비원이 출입자를 감시하고 철책을 둘러놓고 나(정원수)를 보호하고 있지만, 그것은 이 편한 세상의 주인들을 위한 것이지 나를 위한 것은 아니기에 그러하다. 오히려 나는 그로 인하여 생명을 억압·감금·감시당하고 만다. 비록 비바람과 벼락을 막아줄지라도 그것은 진정한 나의 푸르른 생명을 위한 것은 아니다. 이에 따라 도시인 강남은 세속적 공간으로서 원시적 생명인 나무를 하나의 소유물로 수단화하는 "무덤"의 공간으로 나타난다. "새 한 마리 깃들지 않은" 나무로 만들어 놓았기에 그러하다.

이에 비해 "저 불편한 세상"인 당진 마을은 "대리석"과 "완강한 철책"도 없는 온전한 자연적인 공간이다. 그래서 어느 누구도 생명을 감금하거나 억압하는 이가 없다. 요컨대 자유와 해방의 공간이다. 살아가는 환경은 불편할지라도 그 생명들이 펼치는 생의 잔치는 그 어떤 세계보다 더 빛난다. 그래서 무덤의 공간이 아니라 생명의 공간이 된다. 뿐만 아니라 강남에서는 사람이 주인공이고 나무가 엑스트라지만 당진에서는 나무가 주인공이고 사람이 엑스트라다. 당진에서는 나무가 "사람들의/ 머리"를 쓰다듬어 주거나, 비바람과 벼락까지 다 막아 주고 보호해 주는 주인공 역할을 하기 때문이다. 강남과 달리, 나무는 주인공이지만 사람을 억압 · 감금하지 않는다. 사랑하는 맘으로 감싸 주는 어머니 같은 역할을 한다. 그래서 강남과 달리 당진은 인간보다는 자연, 남성보다는 여성, 소유보다는 존재, 물질보다는 생명, 감금보다는 자유를 담보하는 의미를 지닌다.

따라서 강남에 온 당진의 나무, 곧 정원수는 강남의 의미와 당진의 의미를 동시에 지닌 모순의 몸이 되고 만다. 인간이면서 자연이고, 자연이면서 인간인 나무, 남성이면서 여성이고, 여성이면서 남성인 나무, 물질이면서 생명이고, 생명이면서 물질인 나무, 감금이면서도 자유인 나무, 자유이면서 감금인 나무로서 말이다. 그래서 정원수는 자기의 삶을 어찌하지 못한 채 눈과 귀를 닫고 "우두커니" 침묵하며 서 있을 뿐이다. 「구석기의 사내」와 정확하게 닮아 있는 모습이다. 도시인과 원시인의 모순된 의미를 지닌 채 "우두커니" 넋 놓고 서 있는 시인마냥 말이다.

이처럼 시인은 나무의 이미지를 구사하여 인간과 자연, 곧 세속과 탈속의 대립적 의미를 산출해 내고 있다. 물론 더 나아가 시인은 그 경계에 서서 이것뿐만 아니라 추락과 비상, 현실과 이상 등의 대립적 의미를 읽어 내기도 한다. 가령, "눈을 떠도 눈앞이 캄캄한” 세상에서, “너와 나를 가르는 저 벽”의 세상에서 “끈질긴 희망”을 안고 “새가 되어 날아”가고자 하는 「담쟁이의 꿈」이 그러하고, “칼바람을 남루로 얻어 쓰고” 있으면서도 삶의 “길 끝까지 걸어가 보”겠다는 “외톨이 나무의 꿈”(「태장리 느티나무의 겨울」)이 그러하다. 전자는 ‘캄캄하다/날아가다’의 대립에 의해 추락과 비상의 대립적 의미를, 후자는 ‘남루/꿈’의 대립에 의해 현실과 이상의 대립적 의미를 산출해 내고 있다. 물론 이것은 나무 이미지에만 한정되는 것은 아니다. 종교 이미지에서도 동일하게 나타난다.

내일이 하안거 해제일인데
그들은 아직도 묵언수행 중이다
햇볕은 다람쥐 등 무늬에 엎혀 팔랑거리고
쪽물 든 바람이 몸을 비틀자
산길의 꼬리가 살랑거리는데
문 열릴 기색은 보이지 않는다
머리 위로 뭉게구름 피어오르는 것을 보니
태워 버려야 할 말들이 아직도 남아 있는 모양
다시 겨울이 돌아오면 해진 옷은 더욱 얇아질 터
더러는 그 자리에 주저앉아 부도가 되고
더러는 그 자리에 서서 탑이 되었는데
내 눈엔 그저 울울한 나무로만 보인다

아름다운 집은 크지 않다
넓지도 않다

착하고 순한 영혼이 깃들어야
아름다운 집

눈물

—「아름다운 집 · 1」 전문

주지하다시피 불교에서는 하안거와 동안거의 수행을 통하여 해탈을 이루고자 한다. 곧 세속과 탈속, 삶과 죽음, 현실과 이상의 대립을 초월하고자 한다. 그러나 시인이 보기에는 그러한 수행이 하나의 형식에 불과할 뿐 진정한 해탈을 이루지 못하는 것으로 생각된다. 현재 시인인 화자는 세속과 탈속의 경계에 서서 하안거를 몽상하고 있다. 문의 안쪽은 수행 · 정진하는 탈속의 인간적인 세계고, 문의 바깥쪽은 세속의 자연적인 세계다. 그런데 지금 바깥은 여름이 와서 햇볕, 다람쥐, 바람, 뭉게구름 등 모든 자연적 사물이 생명의 왕성함을 크게 누리고 있다. 이에 비해 아직 굳게 잠겨 있는 문의 안쪽은 상대적으로 생명이 크게 억압받는 것으로 나타난다. 수행 중인 불도들을 생명성이 없는 "부도"와 "탑"의 이미지로 형상화한 것도 이에 기인한다. 이것은 진정한 해탈이 아니다. 시인이 그것을 보고 "그저 울울한 나무"처럼 보인다고 한 이유도 거기에 있다. 그냥 생명체로 보일 뿐이다. 그래서 금욕은 하고 있지만 "아름다운 집"은 되지 못한다. 그렇다면 어떻게 하면 아름다운 집이 될 수 있을까. 바로 인간의 생명 · 욕망과 자연의 생명 · 욕망을 하나로 융합할 수 있는 영혼이 될 때 "아름다운 집"이 될 수 있는 것이다.

그러므로 일상적인 삶 속에서 대립을 융합할 수 있는 영혼을 만들어 나가야 한다. 형식적인 틀을 보여 주는 종교는 진정한 영혼을 만들지 못한다. 그래서 시인은 "도선사는 도선사 안에 없고/ 부처는 부처 안에 없"으니, 고생스럽게 무릎 꿇고 백팔 배 하지 말고 "저 아수라"의 생활 속에서 "극락"을 찾으라고 권유한다. "극락은 저 아래 낮은 곳에 있다"(「도선사에서 보리수까지」)는 것이다. 이처럼 시인은 그 경계 지점에 서서 형식적인 종교적 행위를 비판하고 있다. 시인이 "어제는 교회에 갔고 오늘은 법당에 들었습니다."(「틀니」)라고 하며, 종교적 공간을 자유롭게 넘나들고 있는 것도 이에 기인한다. 모든 것이 형식적으로 규격화될 때, 교회와 법당의 경계는 무너지고 만다. 이에 따라 시인에게는 복음과 관음도 "수신불량"(「Sky life」) 상태가 되고 만다. 이처럼 시인은 세속과 탈속, 현실과 종교 사이의 경계 지점에 서서 그것을 융합할 수 있는 맑은 시적 영혼을 찾아 나서고 있다.

4. 대립적 경계를 쓸어버리는 시의 빗자루

지금까지 시인은 대립적 의미가 만나는 그 경계 지점에서 시적인 삶을 모색해 왔다. 때로는 고통스러웠고, 때로는 분통과 치욕도 느꼈으며, 때로는 절망하기도 했다. 하지만 그것이 전혀 무용한 산물은 아니었다. 그 과정에서 매우 놀라운 시적인 삶을 발견할 수 있었기 때문이다. 부연하면, 시인은 그 경계 지점에서 기존의 사상과 의식으로 이루어진 모든 언어, 곧 모든 시적 언어를 버려 버리고 새로운 시적 언어를 발견하게 되었다는 점이다. 기존의 언어로는 대립적인 세계를 융합할 수 있는 힘이 거의 없다. 이미 기존의 언어는 물질문명의 노예, 도시문명의 수하로 전락해 있는 상태이기에 그러하다. 따라서 때 묻지 않은 새로운 언어가 필요하다. 새로운 술은 새로운 부대에 담듯이, 새로운 언어로서 새로운 문명을 창조해야 하는 것이다. 물질문명의 세계에서 보면 자연, 곧 원시문명의 언어는 지상에 무용한 '쓰레기의 말씀' 에 지나지 않는다. 그러나 거꾸로 원시문명에서 보면, 물질문명의 언어는 지상에 무용한 '쓰레기의 말씀' 에 해당한다. 이에 나호열 시인은 "기꺼이 빗자루"(「성자와 청소부」)를 들고서 그 경계 지점에 있는 모든 기존의 언어를 쓸어버리고 난 다음, 그 자리에 신생의 언어, 시원의 언어, 생명의 언어, 순수의 언어를 새롭게 모으게 된다. 새로운 시적 삶을 건축하기 위해서다.

바람 속에 숨어 있는 둥지 안에는
아직 내가 배우지 못한 단어가
부화되기를 기다리고 있다
나는 낡아 가고
그 알은 익어 가고
단어장에 마지막으로 배운 그 말
푸른 잉크에 묻혀 나올 때
푸드득 무한을 향해 날아가는 새
먹물 같은 그림자를 남긴다

사랑이라는 말

—「낡아 가고…… 익어 가고」 부분

이제 시인은 어린아이와 같다. 태어나서 이 세상의 말을 처음으로 신비하게 배우는 어린아이와 같다. 그는 아직 "배우지 못한 단어", 곧 신생의 단어를 배우기 위해 즐거운 몽상에 젖어 있다. 그 단어가 "부화되기를 기다리며" 말이다. 물론 조건이 있다. 먼저 때 묻은 자아가 "낡아" 져서 소멸해야 한다. 그래야 그 자리에 새로운 단어로 상징되는 "알"이 들어와 "익어" 갈 수 있다. 자연의 원리를 따르는 기발한 상상력이다. 예의 그 알이 부화하면 한 마리 "날아가는 새"가 되어 대립적인 지상의 삶을 융합하여 저 푸른 영원한 하늘로 비상하게 된다. 그 새는 다름 아닌 '사랑' 의 새다. "알"에서 부화한 사랑의 새다.

신생의 언어로 탄생한 사랑. 그 사랑은 물질문명 시대의 사랑처럼 이기적인 사랑, 인간 중심적인 사랑, 소유를 위한 사랑이 아니다. 상생의 사랑, 환대로서의 사랑이다. 레비나스에 따르면, 환대로서의 사랑은 주체 상호 간의 차이를 인정한 가운데 그 모든 것을 융합시키는 사랑이다. 그러므로 시인이 발견한 신생의 사랑은 자연과 인간, 문명과 미개, 삶과 죽음, 도시와 시골, 정신과 육체를 융합시키는 사랑인 것이다. 요컨대 상호 모순된 것을 모두 포용하는 사랑인 셈이다. 따라서 이제 나호열은 사랑의 시인으로 갓 태어나게 된다. 처음으로 그러한 사랑을 발견했으니 말이다. 그러므로 그가 배우는 모든 말들은 "다시 돋아 오르는 새싹"(「성자와 청소부」)과 같은 말들이 된다. 생명력이 가득 찬 말들이다. 세상을 바꾸는 신선한 말들이다. 중요한 것은 이 말들이 거저 주어지는 쉬운 말들이 아니라는 점이다. 무한히 연습해야만 얻을 수 있는 말이다. 그래서 시인은 "입 안에 붉은 앵두 몇 알 터질 듯/ 오물거리는 그 말// 사분음표로 우산 위로 떨어지는/ 빗소리 같은/ 그 말// 마악 알에서 깨어난 휘파람새가/ 처음 배운 그 말// 하늘을 푸른 출렁거림으로 물들이는 그 말"(「칠월－고운사 풍경 소리」)들을 꾸준히 연습하며 배워 나가고 있다.

예의 그가 배우고 익힌 말들은 문명의 찌꺼기를 모두 쓸어버릴 정도로 강력한 힘을 지니게 된다. 예컨대 하찮은 사물에 불과한 처마 끝의 풍경風磬을 보고 "하늘을 푸른 출렁거림으로 물들이는" 소리로 새롭게 창조하자, 그 풍경 소리는 음향의 물질적인 차원을 넘어 우주 공간 전체를 살아 움직이게 하는 주체로 작용한다. 우주 공간을 푸르게 출렁거리게 하는 말, 이 말보다 더 큰 힘을 가진 것은 이 세상에 없다. 바로 이 말을 우리는 우주적 언어라고 부를 수밖에 없다. 이제 그는 이 우주적 언어를 찾아 나서고 있다. 적극적 · 능동적으로 말이다. "오래전 잃어버렸던 그 말을 번역하려고" 허공에 귀를 대며 "그물을 던"(「강화도, 1월」)지는 그의 행위가 이를 예증한다. 시인은 이제 신생의 언어로서 물질문명의 밭을 새롭게 갈아엎고 있다. 이런 점에서 보면 그의 말, 곧 그의 언어는 바로 원시문명, 미개문명의 언어를 상징하는 "나무의 말씀"

(「수청리 그 나무」)을 닮아 있다. 여기서 "나무의 말씀" 은 우주적 순환 원리를 상징한다. 그러한 상징성은 "달은 떠오르고/ 끊임없이 이울고 벅차오른다" (「있으나 마나」)라는 언술에서도 나타난다. 이렇듯 나호열 시인은 시집 『촉도蜀道』를 통하여 사랑의 열매를 키우는 나무의 언어를 개성적으로 창조해 내고 있다. 이 나무의 말은 구석기시대 사내와 현대시대의 사내가 상호 의사소통할 수 있는 생명의 언어로 기능할 것이다.

시인 나호열

1953년 충남 서천 출생
http://blog.daum.net/prhy0801

촉도蜀道

지은이 | 나호열

펴낸이 | 김재돈

펴낸곳 | 도서출판 시와시학

1판1쇄 | 2015년 5월 10일

출판등록 | 2010년 8월 10일

등록번호 | 제2010-000036호

주소 | 서울 종로구 명륜동1가 42

전화 | 744-0110

FAX | 3672-2674

값 8,000원

ISBN 978-89-94889-88-7 03810